LE
MARIAGE
FORCÉ,
COMEDIE.

Par J. B. P. MOLIERE.

Suivant la Copie imprimée

A PARIS.

M. DC. LXXIV.

LES PERSONNAGES.

SGANARELLE.
GERONIMO.
DORIMENE, jeune Coquette, promise à Sganarelle.
ALCANTOR, Pere de Dorimene.
ALCIDAS, Frere de Dorimene.
LYCASTE, Amant de Dorimene.
DEUX EGYPTIENNES.
PANCRACE, Docteur Aristotelicien.
MARPHURIUS, Docteur Pyrrhonien.

LE MARIAGE FORCÉ, COMEDIE.

SCENE PREMIERE.

SGANARELLE, GERONIMO.

SGANARELLE.

JE suis de retour dans un moment. Que l'on ait bien soin du logis ; & que tout aille comme il faut. Si l'on m'apporte de l'argent, que l'on me vienne querir viste chez le Seigneur Geronimo ; & si l'on vient m'en demander, qu'on dise que je suis sorti, & que je ne dois revenir de toute la journée.

GERONIMO.

Voila un ordre fort prudent.

SGANARELLE.

Ah ! Seigneur Geronimo, je vous trouve à propos ; & j'allois chez vous vous chercher.

 GE-

GERONIMO.

Et pour quel sujet, s'il vous plaist ?

SGANARELLE.

Pou vous communiquer une affaire, que j'ay en teste ; & vous prier de m'en dire vostre avis.

GERONIMO.

Tres-volontiers. Je suis bien aise de cette rencontre ; & nous pouvons parler ici en toute liberté.

SGANARELLE.

Mettez donc dessus, s'il vous plaist. Il s'agit d'une chose de consequence, que l'on m'a proposée ; & il est bon de ne rien faire sans le conseil de ses Amis.

GERONIMO.

Je vous suis obligé, de m'avoir choisi pour cela. Vous n'avez qu'à me dire ce que c'est.

SGANARELLE.

Mais auparavant, je vous conjure de ne me point flater du tout ; & de me dire nettement vostre pensée.

GERONIMO.

Je le feray, puis que vous le voulez.

SGANARELLE.

Je ne vois rien de plus condamnable qu'un amy ; qui ne nous parle pas franchement.

GERONIMO.

Vous avez raison.

SGANARELLE.

Et dans ce siecle, on trouve peu d'Amis sinceres.

GERONIMO.

Cela est vray.

SGANARELLE.

Promettez-moy donc, Seigneur Geronimo, de me parler avec toute sorte de franchise.

GERONIMO.

Je vous le promets.

SGANARELLE.

Jurez-en vostre foy.

GERONIMO.

Ouy, foy d'Amy. Dites-moy seulement vostre affaire.

SGANARELLE.

C'est que je veux sçavoir de vous, si je feray bien de me marier.

GERONIMO.

Qui, vous ?

SGANARELLE.

Ouy, moy-même en propre personne. Quel est vostre avis là-dessus ?

GERONIMO.

Je vous prie auparavant, de me dire une chose.

SGANARELLE.

Et quoy ?

GERONIMO.

Quel âge pouvez-vous vous bien avoir maintenant ?

SGANARELLE.

Moy ?

GERONIMO.

Ouy.

SGANARELLE.

Ma foy, je ne sçay ; mais je me porte bien.

GERONIMO.

Quoy ! vous ne sçavez pas, à peu prés, vostre âge ?

SGANARELLE.

Non. Est-ce qu'on songe à cela ?

GERONIMO.

Hé, dites-moy un peu, s'il vous plaist : Combien aviez vous d'années, lors que nous fismes connoissance ?

SGANARELLE.

Ma foy, je n'avois que vingt ans alors.

GERONIMO.

Combien fûmes-nous ensemble à Rome?

SGANARELLE.

Huit ans.

GERONIMO.

Quel temps avez-vous demeuré en Angleterre?

SGANARELLE.

Sept ans.

GERONIMO.

Et en Hollande, où vous fûtes en suite?

SGANARELLE.

Cinq ans, & demy.

GERONIMO.

Combien y a-t-il, que vous estes revenu ici?

SGANARELLE.

Je revins en cinquante six.

GERONIMO.

De cinquante six, à soixante huit, il y a douze ans, ce me semble. Cinq ans en Hollande, font dix-sept. Sept ans en Angleterre, font vingt-quatre. Huit dans nostre sejour à Rome, font trente-deux: Et vingt que vous aviez lors que nous nous connûmes, cela fait justement cinquante-deux. Si bien, Seigneur Sganarelle, que sur vostre propre confession, vous estes, environ, à vostre cinquante-deuxiéme, ou cinquante-troisiéme année.

SGANARELLE.

Qui, moy? Cela ne se peut pas.

GERONIMO.

Mon Dieu, le calcul est juste. Et là dessus je vous diray franchement, & en amy, comme vous m'avez fait promettre de vous parler, que le Mariage n'est gueres vostre fait. C'est une chose à laquelle il faut que les jeunes gens pensent bien meurement avant que de la faire: mais les gens de vostre âge n'y doivent point penser du tout. Et si l'on dit, que la plus grande de toutes les folies, est celle de de se marier, je ne voy rien de plus mal à propos, que de la faire, cette folie, dans la saison où nous devons estre plus sages. Enfin je vous en dis nettement ma pensée. Je ne vous conseille point de songer au Mariage ; & je vous trouverois le plus ridicule du monde, si ayant esté libre jusqu'à cette heure, vous alliez-vous charger maintenant de la plus pesante des chaisnes.

SGANARELLE.

Et moy, je vous dis que je suis resolu de me marier ; & que je ne seray point ridicule en épousant la Fille, que je recherche.

GERONIMO.

Ah ! c'est une autre chose. Vous ne m'aviez pas dit cela.

SGANARELLE.

C'est une fille, qui me plaist ; & que j'aime de tout mon cœur.

GERONIMO.

Vous l'aimez de tout vostre cœur ?

SGANARELLE.

Sans doute ; & je l'ay demandée à son Pere.

GERONIMO.

Vous l'avez demandée ?

SGANARELLE.

Ouy, c'est un Mariage, qui se doit conclure ce soir ; & j'ay donné parole.

GERONIMO.

Oh ! mariez-vous donc. Je ne dis plus mot.

SGANARELLE.

Je quitterois le dessein que j'ay fait ? Vous semble-t-il, Seigneur Geronimo, que je ne sois plus propre à songer à une Femme ? Ne parlons point de l'âge que je puis avoir ; mais regardons seulement les choses. Y a-t-il homme de trente ans, qui paroisse plus frais, & plus vigoureux, que vous me voyez ? N'ay-je pas tous les mouvemens de mon Corps aussi bons

bons que jamais ? Et voit-on que j'aye besoin de Carosse, ou de Chaise, pour cheminer ? N'ay-je pas encore toutes mes dents les meilleures du monde ? Ne fais-je pas vigoureusement mes quatre repas par jour ? Et peut-on voir un Estomach qui ait plus de force que le mien ? Hem, hem, hem. Eh ? qu'en dites-vous ?

GERONIMO.

Vous avez raison : je m'estois trompé. Vous ferez bien de vous marier.

SGANARELLE.

J'y ay repugné autrefois : mais j'ay maintenant de puissantes raisons pour cela. Outre la joye que j'auray de posseder une belle Femme, qui me fera mille caresses ; qui me dorlotera, & me viendra froter, lors que je seray las : outre cette joye, dis-je, je considere, qu'en demeurant comme je suis, je laisse périr dans le monde la race des Sganarelles ; & qu'en me mariant, je pourray me voir revivre en d'autres moy-mêmes ; que j'auray le plaisir de voir des creatures, qui seront sorties de moy ; de petites figures qui me ressembleront comme deux goûtes d'eau ; qui se joüeront continuellement dans la maison ; qui m'appelleront leur Papa, quand je reviendray de la ville, & me diront de petites folies les plus agreables du monde. Tenez, il me semble déja que j'y suis, & que j'en vois une demi-douzaine autour de moy.

GERONIMO.

Il n'y a rien de plus agreable que cela ; & je vous conseille de vous marier, le plus viste que vous pourréz.

SGANARELLE.

Tout de bon ; vous me le conseillez ?

GERONIMO.

Assurément. Vous ne sçauriez mieux faire.

SGANARELLE.

Vrayment, je suis ravi que vous me donniez ce conseil en veritable Amy.

GERONIMO.

Hé ! quelle est la Personne, s'il vous plaist, avec qui vous vous allez marier ?

SGANARELLE.

Dorimene.

GERONIMO.

Cette jeune Dorimene, si galante, & si bien parée ?

SGANARELLE.

Ouy.

GERONIMO.

Fille du Seigneur Alcantor ?

SGANARELLE.

Justement.

GERONIMO.

Et Sœur d'un certain Alcidas, qui se mesle de porter l'épée ?

SGANARELLE.

C'est cela.

GERONIMO.

Vertu de ma vie !

SGANARELLE.

Qu'en dites-vous ?

GERONIMO.

Bon party ! Mariez-vous promptement.

SGANARELLE.

N'ay-je pas raison, d'avoir fait ce chois ?

GERONIMO.

Sans doute. Ah ! que vous serez bien marié ! Déseschez-vous de l'estre.

SGANARELLE.

Vous me comblez de joye, de me dire cela. Je vous remercie de vostre conseil ; & je vous invite ce soir à mes Nopces.

GERONIMO.

Je n'y manqueray pas ; & je veux y aller en masque, afin de les mieux honorer.

SGANARELLE.

Serviteur.

GERONIMO.

La jeune Dorimene, Fille du Seigneur Alcantor, avec le Seigneur Sganarelle, qui n'a que cinquante-trois ans? ô le beau Mariage! ô le beau Mariage!

SGANARELLE.

Ce Mariage doit estre heureux; car il donne de la joye à tout le monde; & je fais rire tous ceux à qui j'en parle. Me voila maintenant le plus content des hommes.

SCENE II.

DORIMENE, SGANARELLE.

DORIMENE.

ALlons, petit garçon, qu'on tienne bien ma Queuë; & qu'on ne s'amuse pas à badiner.

SGANARELLE.

Voicy ma Maistresse, qui vient. Ah! qu'elle est agreable! quel air! & quelle taille! Peut-il y avoir un homme, qui n'ait, en la voyant, des démangeaisons de se marier? Où allez-vous, belle Mignonne, chere épouse future de vostre époux futur?

DORIMENE.

Je vais faire quelques Emplettes.

SGANARELLE.

Hé bien, ma Belle, c'est maintenant que nous allons estre heureux l'un, & l'autre. Vous ne serez plus en droict de me rien refuser; & je pourray faire avec vous tout ce qu'il me plaira, sans que personne s'en scandalise. Vous allez estre à moy depuis la teste jusqu'aux piez; & je seray Maistre de tout: De vos petits yeux éveillez; de vostre petit nez fripon; de vos levres appetissantes; de vos oreilles amoureuses; de vostre petit menton joly; de vos petits têtons rondelets ; de vostre.... Enfin toute vostre personne sera à ma discretion ; & je seray à même, pour vous caresser, comme je voudray. N'estes-vous pas bien aise de ce Mariage, mon aimable poupone ?

DORIMENE.

Tout à fait aise, je vous jure : car enfin la severité de mon Pere m'a tenuë jusques icy dans une sujettion la plus fâcheuse du monde. Il y a je ne sçay combien que j'enrage du peu de liberté, qu'il me donne ; & j'ay cent fois souhaité qu'il me mariast, pour sortir promptement de la contrainte, où j'estois avec luy, & me voir en état de faire ce que je voudray. Dieu mercy, vous estes venu heureusement pour cela, & je me prepare desormais à me donner du divertissement, & à reparer comme il faut le temps que j'ay perdu. Comme vous estes un fort galant homme, & que vous sçavez comme il faut vivre ; je croy que nous ferons le meilleur ménage du monde ensemble, & que vous ne serez point de ces Maris incommodes, qui veulent que leurs femmes vivent comme des loupgarous. Je vous avouë que je ne m'accommoderois pas de cela ; & que la Solitude me desespere. J'aime le jeu ; les visites ; les assemblées ; les cadeaux, & les promenades ; en un mot toutes les choses de plaisir ; & vous devez estre ravi, d'avoir une femme de mon humeur. Nous n'aurons jamais aucun démeslé ensemble ; & je ne vous contraindray point dans vos actions ; comme j'espere que de vostre costé vous ne me contraindrez point dans les miennes : car pour moy, je tiens qu'il faut avoir une complaisance mutuelle ; & qu'on ne se doit point marier, pour se faire enrager l'un l'autre. Enfin nous vivrons, estant mariez, comme deux personnes qui sçavent leur monde. Aucun soupçon jaloux ne nous troublera la cervelle ; & c'est assez que vous serez assuré de ma fidelité, comme je seray persuadée de la vostre. Mais qu'avez-vous? je vous voy tout changé de visage.

SGANARELLE.

Ce sont quelques vapeurs, qui me viennent de monter à la teste.

DORIMENE.

C'est un mal aujourd'huy, qui attaque beaucoup de gens: mais nostre mariage vous dissipera tout cela. Adieu, il me tarde déja que je n'aye des habits raisonnables, pour quitter viste ces guenilles. Je m'en vais de ce pas achever d'acheter toutes les choses qu'il me faut; & je vous enverray les Marchands.

SCENE III.

GERONIMO, SGANARELLE.

GERONIMO.

AH! Seigneur Sganarelle, je suis ravy de vous trouver encor ici; & j'ay rencontré un Orfevre, qui sur le bruit que vous cherchiez quelque beau Diamant en bague, pour faire un present à vostre épouse, m'a fort prié de vous venir parler pour luy; & de vous dire qu'il en a un à vendre, le plus parfait du monde.

SGANARELLE.

Mon Dieu, cela n'est pas pressé.

GERONIMO.

Comment! que veut dire cela? où est l'ardeur que vous montriez tout à l'heure?

SGANARELLE.

Il m'est venu, depuis un moment, de petits scrupules sur le Mariage. Avant que de passer plus avant, je voudrois bien agiter à fond cette matiére; & que l'on m'expliquast un songe que j'ay fait cette nuit; & qui vient tout à l'heure de me revenir dans l'Esprit.

ſprit. Vous ſçavez que les ſonges ſont comme des miroirs, où l'on découvre quelquefois tout ce qui nous doit arriver. Il me ſembloit que j'eſtois dans un Vaiſſeau, ſur une mer bien agitée ; & que....

GERONIMO.

Seigneur Sganarelle, j'ay maintenant quelque petite affaire, qui m'empeſche de vous ouïr. Je n'entens rien du tout aux ſonges ; & quand au raiſonnement du Mariage, vous avez deux ſçavans ; deux Philoſophes vos voiſins, qui ſont gens à vous debiter tout ce qu'on peut dire ſur ce ſujet. Comme ils ſont de Sectes differentes, vous pouvez examiner leurs diverſes opinions là-deſſus. Pour moy, je me contente de ce que je vous ay dit tantoſt ; & demeure voſtre Serviteur.

SGANARELLE.

Il a raiſon. Il faut que je conſulte un peu ces gens-là ſur l'incertitude où je ſuis.

SCENE IV.

PANCRACE, SGANARELLE.

PANCRACE.

ALlez, vous eſtes un impertinent, mon amy ; un homme banniſſable de la Republique des Lettres.

SGANARELLE.

Ah ! bon, en voicy un fort à propos.

PANCRACE.

Ouy, je te ſoûtiendray par vives raiſons, que tu es un Ignorant, ignorantiſſime, ignorantifiant, & ignorantifié par tous les cas, & modes imaginables.

SGANARELLE.

Il a pris querelle contre quelqu'un. Seigneur...

PANCRACE.

Tu veux te mesler de raisonner, & tu ne sçais pas seulement les Elemens de la raison.

SGANARELLE.

La colere l'empesche de me voir. Seigneur....

PANCRACE.

C'est une proposition condamnable dans toutes les terres de la Philosophie.

SGANARELLE.

Il faut qu'on l'ait fort irrité. Je....

PANCRACE.

Toto cœlo, tota via aberras.

SGANARELLE.

Je baise les mains à Monsieur le Docteur.

PANCRACE.

Serviteur.

SGANARELLE.

Peut-on....

PANCRACE.

Sçais-tu bien ce que tu as fait? un Sillogisme *in balordo*.

SGANARELLE.

Je vous....

PANCRACE.

La majeure en est inepte, la mineure impertinente, la conclusion ridicule.

SGANARELLE.

Je....

PANCRACE.

Je créverois plûtost que d'avoüer ce que tu dis; & je soûtiendray mon opinion jusqu'à la derniere goûte de mon encre.

SGANARELLE.

Puis--je....

PANCRACE.

Ouy, je defendray cette proposition, *pugnis & calcibus, unguibus & rostro,*

SGANARELLE.

Seigneur Ariſtote, peut-on ſçavoir ce qui vous met ſi fort en colere?

PANCRACE.

Un ſujet le plus juſte du monde.

SGANARELLE.

Et quoy encore?

PANCRACE.

Un ignorant m'a voulu ſoûtenir une propoſition erronée; une propoſition épouvantable, effroyable, execrable.

SGANARELLE.

Puis-je demander ce que c'eſt?

PANCRACE.

Ah! Seigneur Sganarelle, tout eſt renverſé aujourd'huy; & le monde eſt tombé dans une corruption generale. Une licence épouvantable regne par tout; & les Magiſtrats, qui ſont établis, pour maintenir l'ordre dans cet Eſtat, devroient rougir de honte, en souffrant un ſcandale auſſi intolerable, que celuy dont je veux parler.

SGANARELLE.

Quoy donc?

PANCRACE.

N'eſt-ce pas une choſe horrible; une choſe qui crie vangeance au Ciel, que d'endurer qu'on diſe publiquement la forme d'un chapeau!

SGANARELLE.

Comment?

PANCRACE.

Je ſoûtiens qu'il faut dire la figure d'un chapeau, & non pas la forme. Dautant qu'il y a cette difference entre la forme, & la figure; que la forme eſt la diſpoſition exterieure des corps qui ſont animez; & la figure, la diſpoſition exterieure des corps qui ſont inanimez & puis que le chapeau eſt un corps inanimé, il faut dire la figure d'un cha-

chapeau, & non pas la forme. Ouy, ignorant que vous estes, c'est comme il faut parler; & ce sont les termes exprés d'Aristote dans le chapitre de la qualité.

SGANARELLE.

Je pensois que tout fust perdu. Seigneur Docteur, ne songez plus à tout cela. Je....

PANCRACE.

Je suis dans une colere, que je ne me sens pas.

SGANARELLE.

Laissez la forme, & le chapeau en paix; j'ay quelque chose à vous communiquer. Je....

PANCRACE.

Impertinent fieffé.

SGANARELLE.

De grace, remettez-vous. Je....

PANCRACE.

Ignorant.

SGANARELLE.

Eh! mon Dieu. Je....

PANCRACE.

Me vouloir soûtenir une proposition de la sorte?

SGANARELLE.

Il a tort. Je....

PANCRACE.

Une proposition condamnée par Aristote?

SGANARELLE.

Cela est vray. Je....

PANCRACE.

En termes exprés?

SGANARELLE.

Vous avez raison. Ouy, vous estes un sot, & un impudent, de vouloir disputer contre un Docteur, qui sçait lire, & écrire. Voila qui est fait, je vous prie de m'écouter. Je viens vous consulter sur une affaire qui m'embarasse. J'ay dessein de prendre une ne femme, pour me tenir compagnie dans mon ménage. La personne est belle, & bien faite : elle me plaist beaucoup, & est ravie de m'épouser. Son Pere me l'a accordée ; mais je crains un peu ce que vous sçavez, la disgrace dont on ne plaint personne ; & je voudrois bien vous prier, comme Philosophe, de me dire vostre sentiment. Eh ! quel est vostre avis là-dessus ?

PANCRACE.

Plûtost que d'accorder qu'il faille dire la forme d'un chapeau, j'accorderois que *datur vacuum in rerum natura*, & que je ne suis qu'une beste.

SGANARELLE.

La peste soit de l'homme. Eh ! Monsieur le Docteur, écoutez un peu les gens. On vous parle une heure durant ; & vous ne répondez point à ce qu'on vous dit.

PANCRACE.

Je vous demande pardon. Une juste colere m'occupe l'Esprit.

SGANARELLE.

Eh ! laissez tout cela ; & prenez la peine de m'écouter.

PANCRACE.

Soit. Que voulez vous me dire ?

SGANARELLE.

Je veux vous parler de quelque chose.

PANCRACE.

Et de quelle langue voulez-vous vous servir avec moy ?

SGANARELLE.

De quelle langue ?

PANCRACE.

Ouy.

SGANARELLE.

Parbleu, de la langue que j'ay dans la bouche ; je croy que je n'iray pas emprunter celle de mon voisin.

PAN-

PANCRACE.

Je vous dis de quel idiome ; de quel langage.

SGANARELLE.

Ah ! c'est une autre affaire.

PANCRACE.

Voulez-vous me parler Italien ?

SGANARELLE.

Non.

PANCRACE.

Espagnol ?

SGANARELLE.

Non.

PANCRACE.

Alleman ?

SGANARELLE.

Non.

PANCRACE.

Anglois ?

SGANARELLE.

Non.

PANCRACE.

Latin ?

SGANARELLE.

Non.

PANCRACE.

Grec ?

SGANARELLE.

Non.

PANCRACE.

Hebreu ?

SGANARELLE.

Non.

PANCRACE.

Siriaque ?

SGANARELLE.

Non.

PANCRACE.

Turc?

SGANARELLE.

Non.

PANCRACE.

Arabe?

SGANARELLE.

Non, non, François.

PANCRACE.

Ah François!

SGANARELLE.

Fort-bien.

PANCRACE.

Passez donc de l'autre costé: car cette oreille-ci est destinée pour les langues scientifiques, & étrangeres; & l'autre est pour la maternelle.

SGANARELLE.

Il faut bien des ceremonies avec ces sortes de gens-ci!

PANCRACE.

Que voulez-vous?

SGANARELLE.

Vous cousulter sur une petite difficulté.

PANCRACE.

Sur une difficulté de Philosophie, sans doute?

SGANARELLE.

Pardonnez-moy. Je....

PANCRACE.

Vous voulez peut-estre sçavoir, si la substance, & l'accident, sont termes synonimes, ou équivoques, à l'égard de l'estre.

SGANARELLE.

Point du tout. Je....

PANCRACE.

Si la Logique est un art, ou une science?

SGANARELLE.

Ce n'est pas cela. Je....

PANCRACE.

Si elle a pour objet les trois operations de l'esprit ; ou la troisiéme seulement ?

SGANARELLE.

Non. Je....

PANCRACE.

S'il y a dix Cathegories, ou s'il n'y en a qu'une ?

SGANARELLE.

Point. Je....

PANCRACE.

Si la conclusion est de l'essence du sillogisme ?

SGANARELLE.

Nenny. Je....

PANCRACE.

Si l'essence du bien est mise dans l'appetibilité, ou dans la convenance ?

SGANARELLE.

Non. Je....

PANCRACE.

Si le bien se reciproque avec la fin ?

SGANARELLE.

Eh ! non. Je....

PANCRACE.

Si la fin nous peut émouvoir par son estre réel ; ou par son estre intentionel ?

SGANARELLE.

Non, non, non, non, non, de par tous les diables, non.

PANCRACE.

Expliquez donc vostre pensée : car je ne puis pas la deviner.

SGANARELLE.

Je vous la veux expliquer aussi : mais il faut m'écouter.

SGANARELLE, *en même temps que le Docteur.*

L'affaire que j'ay à vous dire, c'est que j'ay en-

vie

vie de me marier avec une fille, qui eſt jeune, & belle. Je l'aime fort, & l'ay demandée à ſon Pere : mais comme j'apprehende....

PANCRACE, *en même temps que Sganarelle.*

La parole a eſté donnée à l'homme, pour expliquer ſa penſée ; & tout ainſi que les penſées ſont les portraits des choſes, deméme nos paroles ſont-elles les portraits de nos penſées : mais ces portraits different des autres portraits, en ce que les autres portraits ſont diſtinguez par tout de leurs Originaux, & que la parole enferme en ſoy ſon Original, puis qu'elle n'eſt autre choſe que la penſée, expliquée par un ſigne exterieur : d'où vient que ceux qui penſent bien, ſont auſſi ceux qui parlent le mieux. Expliquez-moy donc voſtre penſée par la parole, qui eſt le plus intelligible de tous les ſignes.

SGANARELLE.

Il repouſſe le Docteur dans ſa maiſon, & tire la porte pour l'empeſcher de ſortir.

Au diable les ſçavans, qui ne veulent point écouter les gens. On me l'avoit bien dit, que ſon Maiſtre Ariſtote n'eſtoit rien qu'un bavard. Il faut que j'aille trouver l'autre ; il eſt plus poſé, & plus raiſonnable. Hola.

SCENE V.

MARPHURIUS, SGANARELLE.

MARPHURIUS.

QUe voulez-vous de moy, Seigneur Sganarelle ?

SGANARELLE.

Seigneur Docteur, j'aurois beſoin de voſtre Conſeil ſur une petite affaire dont il s'agit ; & je ſuis ve-

nu

nu ici pour cela. Ah ! voila qui va bien. Il écoute le monde, celuy-ci.

MARPHURIUS.

Seigneur Sganarelle, changez, s'il vous plaiſt, cette façon de parler. Noſtre Philoſophie ordonne de ne point énoncer de propoſition déciſive ; de parler de tout avec incertitude ; de ſuſpendre toûjours ſon jugement : & par cette raiſon vous ne devez pas dire, je ſuis venu ; mais il me ſemble que je ſuis venu.

SGANARELLE.

Il me ſemble !

MARPHURIUS.

Ouy.

SGANARELLE.

Parbleu, il faut bien qu'il me le ſemble, puis que cela eſt.

MARPHURIUS.

Ce n'eſt pas une conſequence ; & il peut vous ſembler, ſans que la choſe ſoit veritable.

SGANARELLE.

Comment, il n'eſt pas vray que je ſuis venu ?

MARPHURIUS.

Cela eſt incertain ; & nous devons douter de tout.

SGANARELLE.

Quoy ! je ne ſuis pas ici ; & vous ne me parlez pas ?

MARPHURIUS.

Il m'apparoiſt que vous eſtes là, & il me ſemble que je vous parle : mais il n'eſt pas aſſuré que cela ſoit.

SGANARELLE.

Eh ! que diable, vous vous moquez. Me voila, & vous voila bien nettement ; & il n'y a point de me ſemble à tout cela. Laiſſons ces ſubtilitez je vous prie ; & parlons de mon affaire. Je viens vous dire que j'ay envie de me marier.

MARPHURIUS.

Je n'en sçay rien.

SGANARELLE.

Je vous le dy.

MARPHURIUS.

Il se peut faire.

SGANARELLE.

La fille, que je veux prendre, est fort jeune, & fort belle.

MARPHURIUS.

Il n'est pas impossible.

SGANARELLE.

Feray-je bien, ou mal, de l'epouser?

MARPHURIUS.

L'un, ou l'autre.

SGANARELLE.

Ah! ah! voici une autre Musique. Je vous demande, si je feray bien d'épouser la fille, dont je vous parle.

MARPHURIUS.

Selon la rencontre.

SGANARELLE.

Feray-je mal?

MARPHURIUS.

Par-avanture.

SGANARELLE.

De grace, répondez-moy, comme il faut.

MARPHURIUS.

C'est mon dessein.

SGANARELLE.

J'ay une grande inclination pour la fille.

MARPHURIUS.

Cela peut estre.

SGANARELLE.

Le Pere me l'a accordée.

MARPHURIUS.

Il se pourroit.

SGA.

SGANARELLE.

Mais en l'épousant, je crains d'estre Cocu.

MARPHURIUS.

La chose est faisable.

SGANARELLE.

Qu'en pensez-vous?

MARPHURIUS.

Il n'y a pas d'impossibilité.

SGANARELLE.

Mais que feriez-vous, si vous estiez en ma place?

MARPHURIUS.

Je ne sçay.

SGANARELLE.

Que me conseillez-vous de faire?

MARPHURIUS.

Ce qui vous plaira.

SGANARELLE.

J'enrage!

MARPHURIUS.

Je m'en lave les mains.

SGANARELLE.

Au diable soit le vieux réveur.

MARPHURIUS.

Il en sera ce qui pourra.

SGANARELLE.

La peste du bourreau. Je te feray changer de notte, chien de Philosophe enragé.

MARPHURIUS.

Ah, ah, ah.

SGANARELLE.

Te voila payé de ton galimathias; & me voila content.

MARPHURIUS.

Comment? quelle insolence! m'outrager de la sorte! avoir eu l'audace de battre un Philosophe comme moy!

SGANARELLE.

Corrigez, s'il vous plaist, cette maniere de parler. Il faut douter de toutes choses; & vous ne devez pas dire que je vous ay battu; mais qu'il vous semble que je vous ay battu.

MARPHURIUS.

Ah! je m'en vais faire ma plainte, au Commissaire du quartier, des coups que j'ay receus.

SGANARELLE.

Je m'en lave les mains.

MARPHURIUS.

J'en ay les marques sur ma personne.

SGANARELLE.

Il se peut faire.

MARPHURIUS.

C'est toy, qui m'as traité ainsi.

SGANARELLE.

Il n'y a pas d'impossibilité.

MARPHURIUS.

J'auray un decret contre toy.

SGANARELLE.

Je n'en sçay rien.

MARPHURIUS.

Et tu seras condamné en justice.

SGANARELLE.

Il en sera ce qui pourra.

MARPHURIUS.

Laisse-moy faire.

SGANARELLE.

Comment, on ne sçauroit tirer une parole positive de ce chien d'homme-là! & l'on est aussi sçavant à la fin, qu'au commencement! Que dois-je faire dans l'incertitude des suites de mon Mariage? Jamais homme ne fut plus embarrassé que je suis. Ah! voici des Egyptiennes. Il faut que je me fasse dire par elles ma bonne avanture.

SCENE VI.

DEUX EGYPTIENNES, SGANARELLE.

LES EGYPTIENNES, *avec leurs Tambours de basque, entrent en chantant, & dansant.*

ELles sont gaillardes. Ecoûtez, vous autres, y a-t-il moyen de me dire ma bonne fortune ?

1. EGYPTIENNE.

Ouy, mon bon Monsieur, nous voici deux qui te la diront.

2. EGYPTIENNE.

Tu n'as seulement qu'à nous donner ta main, avec la croix dedans ; & nous te dirons quelque chose pour ton bon profit.

SGANARELLE.

Tenez, les voilà toutes deux, avec ce que vous demandez.

1. EGYPTIENNE.

Tu as une bonne physionomie, mon bon Monsieur, une bonne physionomie.

2. EGYPTIENNE.

Ouy, bonne physionomie. Physionomie d'un homme qui sera un jour quelque chose.

1. EGYPTIENNE.

Tu seras marié avant qu'il soit peu, mon bon Monsieur ; tu seras marié avant qu'il soit peu.

2. EGYPTIENNE.

Tu épouseras une femme gentille ; une femme gentille.

1. EGYPTIENNE.

Ouy, une femme qui sera cherie, & aimée de tout le monde.

2. EGYPTIENNE.

Une femme qui te fera beaucoup d'Amis, mon bon Monsieur; qui te fera beaucoup d'Amis.

1. EGYPTIENNE.

Une femme qui fera venir l'abondance chez toy.

2. EGYPTIENNE.

Une femme qui te donnera une grande reputation.

1. EGYPTIENNE.

Tu seras consideré par elle, mon bon Monsieur; tu seras consideré par elle.

SGANARELLE.

Voila qui est bien: mais, dites-moy un peu, suis-je menacé d'estre cocu?

2. EGYPTIENNE.

Cocu?

SGANARELLE.

Ouy.

1. EGYPTIENNE.

Cocu?

SGANARELLE.

Ouy, si je suis menacé d'estre cocu?

Toutes deux chantent, & dansent.

La, la, la, la....

SGANARELLE.

Que diable, ce n'est pas là me répondre. Venez-çà. Je vous demande à toutes deux, si je seray cocu?

2. EGYPTIENNE.

Cocu, vous?

SGANARELLE.

Ouy, si je seray cocu?

1. EGYPTIENNE.

Vous, cocu?

SGANARELLE.

Ouy, si je le seray, ou non?

Toutes deux chantent, & dansent.

La, la, la, la....

SGANARELLE.

Peste soit des carognes, qui me laissent dans l'inquietude ! Il faut absolument que je sçache la destinée de mon Mariage : & pour cela, je veux aller trouver ce grand magicien, dont tout le monde parle tant, & qui par son art admirable fait voir tout ce que l'on souhaite. Ma foy, je croy que je n'ay que faire d'aller au magicien, & voicy qui me montre tout ce que je puis demander.

SCENE VII.

DORIMENE, LYCASTE, SGANARELLE.

LYCASTE.

Quoy, belle Dorimene, c'est sans raillerie que vous parlez ?

DORIMENE.

Sans raillerie.

LYCASTE.

Vous vous mariez tout de bon ?

DORIMENE.

Tout de bon.

LYCASTE.

Et vos Nopces se feront dés ce soir ?

DORIMENE.

Dés ce soir.

LYCASTE.

Et vous pouvez, cruelle que vous estes oublier de la sorte l'amour que j'ay pour vous ; & les obligeantes paroles que vous m'aviez données ?

DORIMENE.

Moy, point du tout. Je vous considere toûjours de même ; & ce Mariage ne doit point vous inquieter. C'est un homme que je n'épouse point par amour ; & sa seule richesse me fait résoudre à l'accepter.

ter. Je n'ay point de bien. Vous n'en avez point aussi ; & vous sçavez que sans cela on passe mal le temps au monde ; & qu'à quelque prix que ce soit, il faut tâcher d'en avoir. J'ay embrassé cette occasion-ci de me mettre à mon aise ; & je l'ay fait sur l'esperance de me voir bientost délivrée du Barbon, que je prens. C'est un homme, qui mourra avant qu'il soit peu ; & qui n'a tout au plus que six mois dans le ventre. Je vous le garantis défunt dans le temps que je dis ; & je n'auray pas longuement à demander pour moy au Ciel, l'heureux estat de veuve. Ah ! nous parlions de vous, & nous en disions tout le bien qu'on en sçauroit dire.

LYCASTE.

Est-ce là Monsieur....

DORIMENE.

Ouy, c'est Monsieur, qui me prend pour femme.

LYCASTE.

Agréez, Monsieur, que je vous felicite de vostre Mariage, & vous presente en même temps mes tres-humbles services. Je vous asseure que vous épousez là une tres-honneste personne. Et vous, Mademoiselle, je me réjoüis avec vous aussi de l'heureux choix que vous avez fait. Vous ne pouviez pas mieux trouver ; & Monsieur a toute la mine d'estre un fort bon mary. Ouy, Monsieur, je veux faire amitié avec vous ; & lier ensemble un petit commerce de visites & de divertissemens.

DORIMENE.

C'est trop d'honneur que vous nous faites à tous deux. Mais allons, le temps me presse ; & nous aurons tout le loisir de nous entretenir ensemble.

SGANARELLE.

Me voila tout à fait dégoûté de mon Mariage ; & je croy que je ne feray pas mal de m'aller dégager de ma parole. Il m'en a coûté quelque argent : mais il vaut mieux encor perdre cela, que de m'exposer à quelque chose de pis. Tâchons adroitement de nous débarrasser de cette affaire. Hola.

SCENE VIII.

ALCANTOR, SGANARELLE.

ALCANTOR.

AH! mon gendre, soyez le bien venu!

SGANARELLE.

Monsieur, vostre Serviteur.

ALCANTOR.

Vous venez pour conclure le mariage?

SGANARELLE.

Excusez-moy.

ALCANTOR.

Je vous promets que j'en ay autant d'impatience que vous.

SGANARELLE.

Je viens ici pour autre sujet.

ALCANTOR.

J'ay donné ordre à toutes les choses necessaires pour cette feste.

SGANARELLE.

Il n'est pas question de cela.

ALCANTOR.

Les Violons sont retenus; le festin est commandé; & ma fille est parée, pour vous recevoir.

SGANARELLE.

Ce n'est pas ce qui m'ameine.

ALCANTOR.

Enfin vous allez estre satisfait; & rien ne peut retarder vostre contentement.

SGANARELLE.

Mon Dieu, c'est autre chose.

ALCANTOR.

Allons, entrez donc, mon gendre.

SGANARELLE.

J'ay un petit mot à vous dire.

ALCANTOR.

Ah ! mon Dieu, ne faisons point de ceremonie : entrez viste, s'il vous plaist.

SGANARELLE.

Non, vous dis-je. Je vous veux parler auparavant.

ALCANTOR.

Vous voulez me dire quelque chose ?

SGANARELLE.

Ouy.

ALCANTOR.

Et quoy ?

SGANARELLE.

Seigneur Alcantor, j'ay demandé vostre Fille en mariage, il est vray ; & vous me l'avez accordée ; mais je me trouve un peu avancé en âge pour elle ; & je considere, que je ne suis point du tout son fait.

ALCANTOR.

Pardonnez-moy. Ma Fille vous trouve bien, comme vous estes ; & je suis seur qu'elle vivra fort contente avec vous.

SGANARELLE.

Point ; j'ay par fois des bizarreries épouvantables ; & elle auroit trop à souffrir de ma mauvaise humeur.

ALCANTOR.

Ma Fille a de la complaisance ; & vous verrez qu'elle s'accommodera entierement à vous.

SGANARELLE.

J'ay quelques infirmitez sur mon corps, qui pourroient la dégoûter.

ALCANTOR.

Cela n'est rien. Une honneste Femme ne se dégoûte jamais de son Mary.

SGANARELLE.

Enfin, voulez-vous que je vous dise, je ne vous conseille pas de me la donner.

ALCANTOR.

Vous moquez-vous? J'aimerois mieux mourir, que d'avoir manqué à ma parole.

SGANARELLE.

Mon Dieu, je vous en dispense, & je....

ALCANTOR.

Point du tout. Je vous l'ay promise; & vous l'aurez en dépit de tous ceux qui y pretendent.

SGANARELLE.

Que Diable!

ALCANTOR.

Voyez-vous, j'ay une estime, & une amitié pour vous, toute particuliére; & je refuserois ma Fille à un Prince, pour vous la donner.

SGANARELLE.

Seigneur Alcantor, je vous suis obligé de l'honneur que vous me faites; mais je vous declare que je ne me veux point marier.

ALCANTOR.

Qui, vous?

SGANARELLE.

Ouy, moy.

ALCANTOR.

Et la raison?

SGANARELLE.

La raison; c'est que je ne me sens point propre pour le Mariage; & que je veux imiter mon Pere, & tous ceux de ma Race; qui ne se sont jamais voulu marier.

ALCANTOR.

Ecoutez, les volontez sont libres; & je suis homme à ne contraindre jamais personne. Vous vous estes engagé avec moy, pour épouser ma Fille; & tout est preparé pour cela. Mais puis que vous voulez.

lez retirer vostre parole, je vais voir ce qu'il y a à faire ; & vous aurez bientost de mes nouvelles.

SGANARELLE.

Encor est-il plus raisonnable que je ne pensois ; & je croyois avoir bien plus de peine à m'en dégager. Ma foy, quand j'y songe, j'ay fait fort sagement, de me tirer de cette affaire ; & j'allois faire un pas, dont je me serois peut-estre long-temps repenty. Mais voicy le Fils qui me vient rendre réponse.

SCENE IX.

ALCIDAS, SGANARELLE.

ALCIDAS *parlant toûjours d'un ton doucereux.*

Monsieur, je suis vostre Serviteur tres-humble.

SGANARELLE.

Monsieur, je suis le vostre de tout mon cœur.

ALCIDAS.

Mon Pere m'a dit, Monsieur, que vous vous estiez venu dégager de la parole que vous aviez donnée.

SGANARELLE.

Ouy, Monsieur, c'est avec regret : mais....

ALCIDAS.

Oh ! Monsieur, il n'y a pas de mal à cela.

SGANARELLE.

J'en suis fâché, je vous assure, & je souhaiterois....

ALCIDAS.

Cela n'est rien, vous dis je.

Luy presentant deux Epées.

Monsieur, prenez la peine de choisir de ces deux Epées, laquelle vous voulez.

SGANARELLE.

De ces deux Epées ?

ALCIDAS.

Ouy, s'il vous plaist.

SGANARELLE.

A quoy bon ?

ALCIDAS.

Monsieur, comme vous refusez d'épouser ma sœur, aprés la parole donnée ; je croy que vous ne trouverez pas mauvais le petit compliment, que je viens vous faire.

SGANARELLE.

Comment ?

ALCIDAS.

D'autres Gens feroient du bruit, & s'emporteroient contre vous : mais nous sommes personnes à traiter les choses dans la douceur ; & je viens vous dire civilement, qu'il faut, si vous le trouvez bon, que nous nous coupions la gorge ensemble.

SGANARELLE.

Voila un compliment fort mal tourné.

ALCIDAS.

Allons, Monsieur, choisissez, je vous prie.

SGANARELLE.

Je suis vostre Valet : je n'ay point de gorge à me couper. La vilaine façon de parler que voila !

ALCIDAS.

Monsieur, il faut que cela soit, s'il vous plaist.

SGANARELLE.

Eh ! Monsieur, rengaînez ce compliment, je vous prie.

ALCIDAS.

Dépeschons viste, Monsieur. J'ay une petite affaire, qui m'attend.

SGANARELLE.

Je ne veux point de cela, vous dy-je.

ALCIDAS.

Vous ne voulez pas vous battre ?

SGANARELLE.

Nenny, ma foy,

ALCIDAS.

Tout de bon?

SGANARELLE.

Tout de bon.

ALCIDAS.

Au moins, Monſieur, vous n'avez pas lieu de vous plaindre ; & vous voyez que je fais les choſes dans l'ordre. Vous nous manquez de parole : Je me veux battre contre vous, vous refuſez de vous battre : je vous donne des coups de Baſton, tout cela eſt dans les formes ; & vous eſtes trop honneſte homme, pour ne pas approuver mon procedé.

SGANARELLE.

Quel Diable d'homme eſt-ce cy!

ALCIDAS.

Allons, Monſieur, faites les choſes galamment, & ſans vous faire tirer l'oreille.

SGANARELLE.

Encor!

ALCIDAS.

Monſieur, je ne contrains perſonne ; mais il faut que vous vous battiez, ou que vous épouſiez ma ſœur.

SGANARELLE.

Monſieur, je ne puis faire ny l'un, ny l'autre, je vous aſſure.

ALCIDAS.

Aſſurément?

SGANARELLE.

Aſſurément.

ALCIDAS.

Avec voſtre permiſſion donc....

SGANARELLE.

Ah, ah, ah, ah.

ALCIDAS.

Monſieur, j'ay tous les regrets du monde d'eſtre obligé d'en uſer ainſi avec vous ; mais je ne ceſſeray point,

point, s'il vous plaist, que vous n'ayez promis de vous battre, ou d'épouser ma sœur.

SGANARELLE.

Hé bien, j'épouseray, j'épouseray...

ALCIDAS.

Ah! Monsieur, je suis ravy que vous vous mettiez à la raison; & que les choses se passent doucement: car enfin vous estes l'homme du monde, que j'estime le plus, je vous jure; & j'aurois esté au desespoir, que vous m'eussiez contraint à vous mal-traiter. Je vais appeller mon Pere, pour luy dire que tout est d'accord.

SCENE X.

ALCANTOR, ALCIDAS, SGANARELLE.

ALCIDAS.

MOn Pere, voila Monsieur, qui est tout à fait raisonnable. Il a voulu faire les choses de bonne grace; & vous pouvez luy donner ma sœur.

ALCANTOR.

Monsieur, voila sa main: vous n'avez qu'à donner la vostre. Loüé soit le Ciel! m'en voila déchargé; & c'est vous desormais que regarde le soin de sa conduite. Allons nous réjoüir, & celebrer cet heureux Mariage.

FIN.

www.ingramcontent.com/pod-product-compliance
Lightning Source LLC
LaVergne TN
LVHW010008230826
846092LV00002B/715

* 9 7 8 2 3 2 9 6 6 2 5 6 5 *